دائِمًا دائِمًا

تأليف: جنان حشّاش
رسم: لمى البيطار

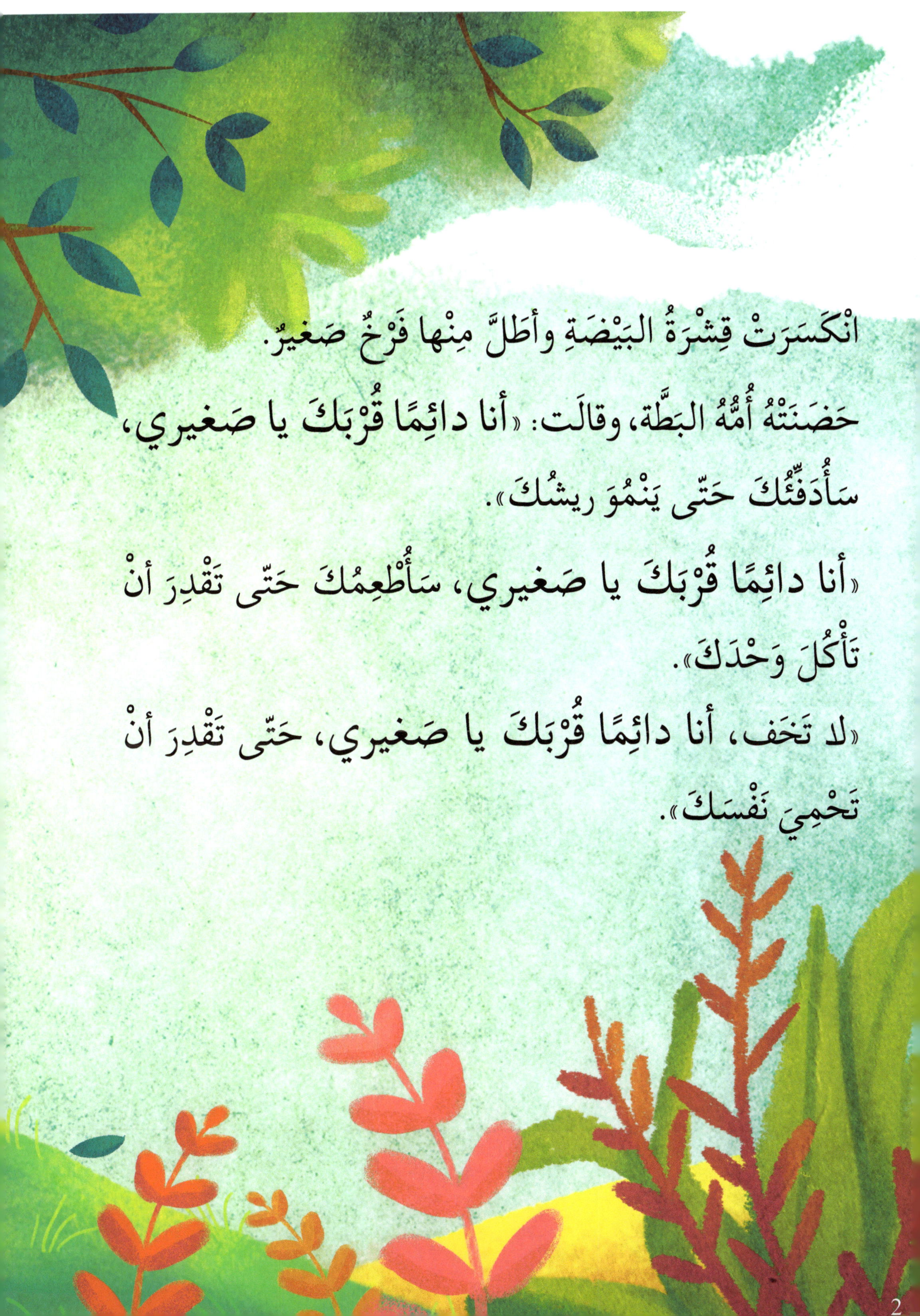

انْكَسَرَتْ قِشْرَةُ الْبَيْضَةِ وأَطَلَّ مِنْها فَرْخٌ صَغِيرٌ.

حَضَنَتْهُ أُمُّهُ الْبَطَّة، وقالَت: «أنا دائِمًا قُرْبَكَ يا صَغِيري، سَأُدَفِّئُكَ حَتَّى يَنْمُوَ رِيشُكَ».

«أنا دائِمًا قُرْبَكَ يا صَغيري، سَأُطْعِمُكَ حَتَّى تَقْدِرَ أنْ تَأْكُلَ وَحْدَكَ».

«لا تَخَفْ، أنا دائِمًا قُرْبَكَ يا صَغيري، حَتَّى تَقْدِرَ أنْ تَحْمِيَ نَفْسَكَ».

«هَيَّا.. هَيَّا...».

«هَيَّا حاوِلْ مِنْ جَديدٍ، أنا دائِمًا قُرْبَكَ يا صَغيري،
لَنْ أتْرُكَكَ قَبْلَ أنْ تَسيرَ وَحْدَكَ».

5

فَرِحَ الفَرْخُ الصَّغيرُ في البِرْكَة. فَرِحَ كَثيرًا.
اكْتَشَفَ أشْياءَ جَديدَةً وتَعَلَّمَ أُمورًا كَثيرَةً.
رَأى الأعْشابَ والأزْهارَ حَوْلَ البِرْكَة.
«ياااااي ما أجْمَلَها!».

أَكَلَ فَتافيتَ صَغيرَةً مِنَ الماء.
«مممم... ما أَطْيَبَها!».
وَأَكْمَلَ العَوْم.
غَطَّسَ رَأْسَهُ تَحْتَ الماء، فَشاهَدَ الحِجارَةَ المُلَوَّنَة،
وَأَسْماكًا صَغيرَةً تَسْبَح».

«ياااااااااااي ما أحْلاها!».

قَفَزَتْ ضِفْدَعَةٌ خَضْراء. لَحِقَ بِها وهُوَ يَضْحَك.
«لا تخافي مِنّي، أنا أُريدُ أنْ أَلْعَبَ مَعَكِ».
صارَ الفَرْخُ الصَّغيرُ يَخْرُجُ كُلَّ يَوْمٍ مَعَ أُمِّه. تَعَرَّفَ إلى
أَصْدِقاءَ جُدُدٍ وراحَ يَلْعَبُ مَعَهُم ويَتَسَلّى.

كَبَرَ الفَرْخُ الصَّغيرُ وكَبِر، وصارَ يَذْهَبُ في البِرْكَةِ وَحْدَه.
يَبْتَعِدُ ويَبْتَعِد. وأُمُّهُ تُراقِبُهُ مِنْ بَعيدٍ.

صارَ كَبيرًا ولَمْ يَعُدْ يَخاف.

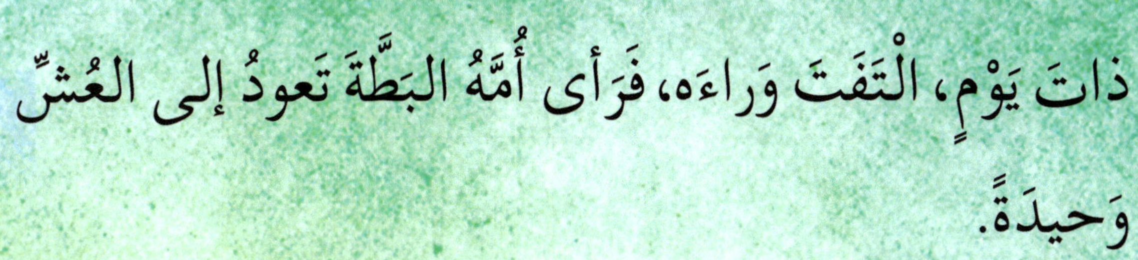

ذاتَ يَوْمٍ، الْتَفَتَ وَراءَه، فَرأى أُمَّهُ البَطَّةَ تَعودُ إلى العُشِّ وَحيدَةً.

«كواك... كواك... ماما... ماما... ماما... لَنْ أَتْرُكَكِ يا ماما، سَأَظَلُّ أُحِبُّكِ وأزورُكِ دائِمًا دائِمًا!».